감사로 시작하는
아침기도
노트

김민정 목사

좋은목회연구소 대표, 우리는교회(박광리 담임목사) 협력목사. 그리스도인들이 치열한 삶의 현장 속에서도 하나님과의 동행을 누리며 복음을 힘 있게 살아내도록 돕고 있다. 저자는 『하나님과 함께하는 출근길 365』, 『하나님과 함께하는 아침기도 365』, 『하나님을 찬양하는 감사기도 365』 등의 기도문 시리즈를 집필했으며 이 기도문은 앱으로도 출시될 예정이다. 그 외 저서로는 『모든 성도는 이제 인대인이다』, 『이야기로 본 인대인 삶 바꾸기 1』, 『이야기로 본 새가족 성경공부』(이상 생명의말씀사) 등이 있다.

저자 이메일 newsong35@naver.com / 좋은목회연구소 www.churchinhim.org

감사로 시작하는
아침기도 노트 2

ⓒ 생명의말씀사 2019

2019년 10월 31일 1판 1쇄 발행

펴낸이 | 김재권
펴낸곳 | 생명의말씀사

등록 | 1962. 1. 10. No.300-1962-1
주소 | 서울시 종로구 경희궁1길 5-9(03176)
전화 | 02)738-6555(본사)·02)3159-7979(영업)
팩스 | 02)739-3824(본사)·080-022-8585(영업)

지은이 | 김민정

기획편집 | 서정희, 장주연
디자인 | 박소정
인쇄 | 예원프린팅
제본 | 정문바인텍

ISBN 978-89-04-17203-0 (03230)

저작권자의 허락없이 이 책의 일부 또는 전체를
무단 복제, 전재, 발췌하면 저작권법에 의해 처벌을 받습니다.

감사로 시작하는
아침기도 노트

김민정 지음

들어가는 말

하나님을 향한 갈망, 사랑, 기대감을 써보십시오.
여러분의 마음을 기록해보십시오.

기도문을 쓰고 책을 집필한 지 꽤 오랜 시간이 흘렀습니다.
처음에는 그저 다른 사람에게 기도문을 전달하기 위해
의무감을 가지고 썼습니다.
그땐 잘 몰랐습니다. 그런데 시간이 지나면서 알게 되었지요.
기도문을 쓰는 것이 나에게 얼마나 유익한지를 말입니다.

말로 했던 기도들이 공중으로 날아가 사라지는 것 같을 때
내가 썼던 기도들은 기록으로 정확히 남았습니다.
글을 쓰는 과정 중에 나의 기도는 더 선명해졌습니다.
그리고 내 안에 담긴 이기적이며 탐욕적인 기도가 줄어갔습니다.
무엇이 잘못된 기도인지가 더 선명히 보였습니다.

기도문 쓰기는 여러분의 기도를 분명히 바꿀 것입니다.
하나님을 향한 갈망, 사랑, 기대감을 써보십시오.
여러분의 마음을 기록해보십시오.
하나님의 사랑과 응답, 인도하심을 경험하게 될 것입니다.
기도문을 쓰는 여러분의 그 시간에
성령 하나님이 함께하시길 기도합니다.

김민정

day 1

내가 하나님 편이 되게 하소서

신앙을 가진 이후로 얼마나 많은 시간을
나만을 위해 달라 간구했는지요.
이제 나의 사정이 아니라 아버지의 사정을 위해
일하고 아뢰기 원합니다.
하나님을 나의 편으로 만들기에
혈안되지 말게 하소서.

오늘 나의 감사를 적어보세요

오늘 나의 기도를 적어보세요

누구든지 제 목숨을 구원하고자 하면 잃을 것이요 누구든지 나를 위하여 제 목숨을 잃으면 구원하리라 **누가복음 9:24.**

day 2

나의 입술을 주님께 헌신합니다

복음을 전하고 위로하는 데
유능한 입술 되게 하소서.
십자가의 보혈로 나의 입술을 씻으시며
온전한 아버지의 형상을 회복시켜주소서.
이 세상의 모든 시간 동안
사람을 살리고 위하는 일에 쓰이게 하소서.

오늘 나의 감사를 적어보세요

오늘 나의 기도를 적어보세요

구부러진 말을 네 입에서 버리며 비뚤어진 말을 네 입술에서 멀리하라 **잠언 4:24**.

day 3

주님께 듣게 하시고 행하게 하소서

이날은 주님의 것입니다.
이날은 나의 것이 아닙니다.
그래서 주님께 맡겨드리고 그 길을 따르겠습니다.
오늘 내가 무엇을 해야 할지 알게 하소서.

오늘 나의 감사를 적어보세요

오늘 나의 기도를 적어보세요

나의 반석이시요 나의 구속자이신 여호와여 내 입의 말과 마음의 묵상이 주님 앞에 열납되기를 원하나이다 시편 19:14.

day 4

오늘은 완벽하신 주님을 의지합니다

나는 힘이 없고 무력하지만
주님은 능력이 있으십니다.
나는 지혜가 없고 때로 선택이 틀리지만
주님은 선한 길로 인도하십니다.
오늘은 내 인생의 모든 큰 그림을 가지고 계신
아버지의 길을 가렵니다.

오늘 나의 감사를 적어보세요

- _____
- _____
- _____

오늘 나의 기도를 적어보세요

- _____
- _____
- _____

내 양은 내 음성을 들으며 나는 그들을 알며 그들은 나를 따르느니라 요한복음 10:27.

day 5

내가 주님을 사랑합니다

나의 영혼이 주님을 향하여
목마름을 채우듯 달려갑니다.
나의 아버지여, 나의 아버지여,
그 이름만으로 정말 아름답고 멋지십니다.
나의 인생을 지키시고 나의 하루를 만드시는 주님을
내가 사랑합니다.

오늘 나의 감사를 적어보세요

오늘 나의 기도를 적어보세요

하나님이여 사슴이 시냇물을 찾기에 갈급함같이 내 영혼이 주를 찾기에 갈급하니이다
시편 42:1.

day 6

바로 이곳에서 승리하게 하소서

오늘도 담대함으로
이 세상을 향해 나아갑니다.
아니, 이 세상을 향해 나아가는 것이 아니라
이미 내가 살고 있는 곳입니다.
이곳에서 잘 사는 것이
진짜 나의 믿음의 승부임을 믿습니다.

오늘 나의 감사를 적어보세요

오늘 나의 기도를 적어보세요

그리스도께서 너희를 사랑하신 것같이 너희도 사랑 가운데서 행하라 그는 우리를 위하여 자신을 버리사 향기로운 제물과 희생 제물로 하나님께 드리셨느니라 에베소서 5:2.

day 7

기도의 끝에 아버지가 계심을 기억하게 하소서

나의 기도가 이기적인 본능을 이기고
아버지를 따르는 데 도움이 되게 하소서.
나의 기도가 힘이 있는 것이 아니라
기도를 들으시는 하나님이
능력이 있으심을 잊지 말게 하소서.

오늘 나의 감사를 적어보세요

오늘 나의 기도를 적어보세요

이르시되 아빠 아버지여 아버지께는 모든 것이 가능하오니 이 잔을 내게서 옮기시옵소서 그러나 나의 원대로 마시옵고 아버지의 원대로 하옵소서 하시고 마가복음 14:36.

나의 태생은 하나님께로부터입니다

아침에 일어나 주님이 베풀어주신 자연을 바라볼 수 있음에 감사합니다.
때를 따라 각자의 역할을 다하는 자연을 보며 인생을 배우게 하소서.
순리를 따라 사는 모습의 아름다움을 통해 위로를 얻게 하시니 감사합니다.
이 아침에도 계절의 변화만큼 또 하루의 변화에 순응하게 하소서.

싱그러운 나뭇잎이 새롭게 돋게 하시고 울창하게 하시니 감사합니다.
그들을 통해 생명력의 귀함을 알게 하시니 감사합니다.
내 안에도 주님이 불어넣으신 생명력이 있으면서 낙망했던 것을 회개합니다.
겨울 같은 시절을 지나지만 다시 싹을 낼 수 있다는 희망을 갖게 하소서.

우주의 섭리가 내게만 예외일 수 없음을 알게 하시고
하나님의 일하심이 내게만 예외가 아님을 알게 하소서.
그럴 때 비로소 낙망하지 않고 언제나 소망을 가질 수 있음을 믿습니다.
오늘 하나님의 섭리가 나에게 일하는 하루 되게 하소서.

나에게 아버지의 입김으로 불어넣으신 생명력이 있음을 찬양합니다.
나의 상황으로 나의 태생을 의심하지 말게 하소서.
나의 태생은 하나님께로부터입니다.
그 믿음으로 이 하루를 기쁘게 살게 하소서.
나의 주 예수 그리스도의 이름으로 기도합니다.
아멘!

day 8

주님을 붙잡고 다시 일어서게 하소서

시작을 하는 것이 두려워 아침이 두렵다면
실패를 잊게 하소서.
주님의 말씀을 기억하고
상처를 기억하지 않게 하소서.
아버지의 약속을 기억하고,
실패를 잊어버리게 하소서.

오늘 나의 감사를 적어보세요

오늘 나의 기도를 적어보세요

여호와를 경외하는 자들아 너희는 여호와를 의지하여라 그는 너희의 도움이시요 너희의 방패시로다 시편 115:11.

day 9

나를 이끄시는 말씀의 주님을 기대합니다

내가 길을 갈 때에, 밥을 먹을 때에,
일을 할 때에 나의 곁에 계심을 믿습니다.
주님의 말씀이
나의 길이 되게 하시고 방패가 되게 하소서.
악한 일을 하려 할 때에 거리낌을 주시고,
선한 일을 할 때에 설렘을 주소서.

오늘 나의 감사를 적어보세요

오늘 나의 기도를 적어보세요

주의 말씀의 맛이 내게 어찌 그리 단지요 내 입에 꿀보다 더 다니이다 주의 법도들로 말미암아 내가 명철하게 되었으므로 모든 거짓 행위를 미워하나이다 시편 119:103-104.

day 10

내가 얼마나 무익한 종인지 알게 하소서

내가 한 일이 아무것도 없는데
모든 것을 회복시키시는 주님을 찬양합니다.
내가 한 일이 아무것도 없는데
나를 구원하시는 주님을 찬양합니다.
내가 한 일이 아무것도 없는데
나에게 열매 주시고 기쁨 주시니 감사합니다.

오늘 나의 감사를 적어보세요

오늘 나의 기도를 적어보세요

여호와여 사람이 무엇이기에 주께서 그를 알아주시며 인생이 무엇이기에 그를 생각하시나이까 시편 144:3.

day 11

포기하지 말게 하소서

내 눈에 보이는 것 때문에
보이지 않는 것들을 포기하지 말게 하소서.
돈 때문에
희망을 포기하지 말게 하소서.
책망 때문에
비전을 포기하지 말게 하소서.

오늘 나의 감사를 적어보세요

오늘 나의 기도를 적어보세요

여호와를 의뢰하고 선을 행하라 땅에 머무는 동안 그의 성실을 먹을거리로 삼을지어다
시편 37:3.

day 12

오늘도 하나하나 감동하는 하루 되게 하소서

나에게 소중한 가족을 주시니 감사합니다.
급할 때 의지할 친구들을 주시니 감사합니다.
먹고살 수 있는 일터 주시니 감사합니다.
오직 하나님만 바라보게 하소서.

오늘 나의 감사를 적어보세요

오늘 나의 기도를 적어보세요

오라 우리가 여호와께 노래하며 우리의 구원의 반석을 향하여 즐거이 외치자 우리가 감사함으로 그 앞에 나아가며 시를 지어 즐거이 그를 노래하자 시편 95:1-2.

day 13

나는 작다 하나 작은 자가 아님을 고백합니다

오늘도 나의 작음을 개의치 않고
사랑하시는 아버지, 감사합니다.
내가 보이기나 하실지, 내가 들리기나 하실지.
위대하신 하나님의 사랑을 받는 자이기 때문에
나는 오늘도 위대한 존재입니다.

오늘 나의 감사를 적어보세요

오늘 나의 기도를 적어보세요

여호와가 우리 하나님이신 줄 너희는 알지어다 그는 우리를 지으신 이요 우리는 그의 것이니 그의 백성이요 그의 기르시는 양이로다 시편 100:3.

day 14

주님을 기억하게 하소서

모든 사물을 볼 때마다
주님을 기억하게 하소서.
모든 사람을 볼 때마다
주님의 사랑을 기억하게 하소서.
저 사람도 주님이 사랑하시지,
라는 마음으로 사랑하게 하소서.

오늘 나의 감사를 적어보세요

오늘 나의 기도를 적어보세요

평안의 매는 줄로 성령이 하나 되게 하신 것을 힘써 지키라 에베소서 4:3.

하나님의 시간에 비하면 인생은 점과 같습니다

오늘도 새로운 날 일어나 주님을 맞이합니다.
지난밤에도 함께하셨고 지금도 함께하시지만
더 기쁜 마음으로 주님과 동행하려 합니다.
이 하루를 향한 나의 어떤 갈망보다
주님과 함께하고자 하는 갈망이 제일 우선입니다.

인생의 길이 마라톤이라 하지만,
하나님의 시간에 비하면 인생은 점과 같습니다.
이 점과 같은 인생도 길어서 지루하다 하지 말게 하소서.
내게 주어진 시간이 얼마인지 알지 못하면서
무엇을 해야 할지 모른다 방관하지 말게 하소서.
크고 위대한 것이 의미 있는 삶이 아니라
작아도 가치 있는 일이 의미 있는 것이니 그 길로 가게 하소서.

언제나 한결같이 나의 길을 인도하시는 주님이
내가 묻기만 한다면 무엇이 가치 있는 일인지 금방 알려주심을 믿습니다.
사실은 싫어서 묻지 않았고, 귀찮아서 가지 않았던 그 길을
오늘 용기 내어 즐겁게 가게 하소서.
혼자 가는 길이 아니기에 두려울 것이 없습니다.
나를 돌보시고 지키시는 분이 하나님이시기에 담대할 수밖에 없습니다.
힘을 내게 하시고 즐겁게 그 길 가게 하소서.
나의 주 예수 그리스도의 이름으로 기도합니다.
아멘!

day 15

모든 것을 복되게 하신 아버지를 사랑합니다

세수를 하면서
어제의 죄악을 보혈로 씻습니다.
옷을 입으면서
하나님의 전신갑주를 입습니다.
신발을 신으며
구원의 발걸음을 내딛습니다.

오늘 나의 감사를 적어보세요

오늘 나의 기도를 적어보세요

좋은 소식을 전하며 평화를 공포하며 복된 좋은 소식을 가져오며 구원을 공포하며 시온을 향하여 이르기를 네 하나님이 통치하신다 하는 자의 산을 넘는 발이 어찌 그리 아름다운가 이사야 52:7.

day 16

용기 있게 사랑하게 하소서

주지 않고 받으려 하니 괴롭고,
하지 않고 칭찬받으려니 참 고단합니다.
이런 마음의 줄다리기를 멈추게 하소서.
결정하고 주게 하시고,
결정하고 포용하게 하소서.

오늘 나의 감사를 적어보세요

■ _____

_____

■ _____

_____

■ _____

오늘 나의 기도를 적어보세요

■ _____

_____

■ _____

_____

■ _____

임금이 대답하여 이르시되 내가 진실로 너희에게 이르노니 너희가 여기 내 형제 중에 지극히 작은 자 하나에게 한 것이 곧 내게 한 것이니라 하시고 마태복음 25:40.

day 17

광야 길에서 온통 아버지이게 하소서

광야 길을 견디기 위해
함께할 사람을 찾는 것이 아니라
이곳이 광야라는 사실을 잊을 만큼
아버지께 집중하게 하소서.
온통 아버지여서
여기가 어디인지도 잊을 수 있는 믿음을 허락하소서.

오늘 나의 감사를 적어보세요

오늘 나의 기도를 적어보세요

하늘에 계시는 주여 내가 눈을 들어 주께 향하나이다 시편 123:1.

day 18

말씀이 나의 하루 중에 되살아나 역사하게 하소서

내가 닥치는 상황마다
말씀이 되살아나 역사하게 하소서.
오늘도 이를 위해 성경을 읽고
소중히 여기는 하루 되게 하소서.
내가 받은 모든 말씀과 은혜가
언어로, 손으로, 얼굴로, 행동으로 드러나게 하소서.

오늘 나의 감사를 적어보세요

오늘 나의 기도를 적어보세요

보혜사 곧 아버지께서 내 이름으로 보내실 성령 그가 너희에게 모든 것을 가르치고 내가 너희에게 말한 모든 것을 생각나게 하리라 요한복음 14:26.

day 19

아버지는 정말 좋으신 분입니다

아버지가 나에게 잘해주심에
이유가 없음을 찬양합니다.
아버지는 언제나 손해 보려고
적극적이심을 찬양합니다.
아버지는 나에게 계산하지 않고
모든 것을 주심을 감사합니다.

오늘 나의 감사를 적어보세요

오늘 나의 기도를 적어보세요

여호와는 나의 목자시니 내게 부족함이 없으리로다…내 평생에 선하심과 인자하심이 반드시 나를 따르리니 내가 여호와의 집에 영원히 살리로다 시편 23:1, 6.

day 20

나의 틀을 깨고 하나님의 틀을 취하게 하소서

내 고집 그대로, 내 방식 그대로
하나도 바꾸지 않으면서
삶이 바뀌리라 기대했음을 회개합니다.
아버지처럼 생각하고, 아버지처럼 사랑하고,
아버지처럼 말하고, 아버지처럼 만나게 하소서.

오늘 나의 감사를 적어보세요

오늘 나의 기도를 적어보세요

여호와를 경외하는 것이 지식의 근본이거늘 미련한 자는 지혜와 훈계를 멸시하느니라
잠언 1:7.

day 21

나의 신앙고백이 더 분명해지게 하소서

저 천국의 소망을 가지고
사명을 가진 삶을 살게 하소서.
그래서 오늘 큰 일도 작은 일도
웃어넘길 수 있게 하소서.
하나님이 나의 참 보호자이시라는 고백 때문에
담대함을 가지게 하소서.

오늘 나의 감사를 적어보세요

오늘 나의 기도를 적어보세요

심령이 가난한 자는 복이 있나니 천국이 그들의 것임이요 마태복음 5:3.

인생의 의미를 알 때 오늘을 잘 살게 됩니다

오늘 나의 본질이 주님 앞에 나아가 찬양합니다.
나의 삶을 드려 주님을 높여드립니다.
모든 것 위에 가장 뛰어나신 주님을 찬양합니다.
나를 이 땅에 보내시고, 살게 하시며, 사명 주신 아버지를 찬양합니다.
오늘 내가 왜 살아야 하는지를 알게 하시고 마음에 새기게 하소서.

하나님 앞에 감동은 잠깐 받고, 오랫동안 잊고 살고 있음을 회개합니다.
은혜를 깨닫는 것은 순간이고, 내 뜻대로 사는 것이 오래임을 회개합니다.
오늘 내가 왜 태어나고 존재하는지를 돌아보게 하소서.
나의 인생의 의미가 무엇인지를 온전히 알 때 오늘을 잘 살 줄 믿습니다.
작은 것에 매여 너무 많은 시간을 허비하고 있음을 알게 하소서.

오늘 나의 삶이 모든 순간의 소유와 쟁취에 매여 사는 것이 아님을 고백합니다.
1초의 순간 사고로도 인생을 마감할 수 있다면
오늘의 삶을 더 의미 있게 살아야 함을 고백합니다.
내 삶의 본질에 도달할 수 있는 날 되게 하소서.
진정한 행복이 무엇인지, 참된 가치가 무엇인지를 알게 하소서.
나를 만드신 분의 뜻에 가야 내가 존재의 참된 의미를 발견할 것을 믿습니다.
그래서 더욱 주님께로 나아갑니다. 인도하여 주소서.
나의 주 예수 그리스도의 이름으로 기도합니다.
아멘!

day 22

아주 작은 일을 오늘 실행하게 하소서

일터가 더럽다면 내가 치우게 하시고,
관계가 묶였다면 내가 풀게 하소서.
불합리한 구석이 있다면
내가 있는 곳은 합리적으로 하게 하소서.
나로부터 시작되는 공의를
경험하는 하루 되게 하소서.

오늘 나의 감사를 적어보세요

오늘 나의 기도를 적어보세요

악을 행하는 자들 때문에 불평하지 말며 불의를 행하는 자들을 시기하지 말지어다
시편 37:1.

day 23

주님처럼 하나의 삶을 살게 하소서

아버지의 앞과 뒤는 같으며,
과거와 미래는 같습니다.
한결같으신 아버지처럼
오늘 나도 이중적인 모습을 버리기 원합니다.
나의 앞도 뒤도 하나님으로 동일한
믿음의 자녀 되게 하소서.

오늘 나의 감사를 적어보세요

오늘 나의 기도를 적어보세요

주 하나님이 이르시되 나는 알파와 오메가라 이제도 있고 전에도 있었고 장차 올 자요 전능한 자라 하시더라 요한계시록 1:8.

day 24

무조건 주님을 찬양하며 하루를 시작합니다

내 삶의 꼬인 문제들이 남아 있는 아침이지만
주님을 찬양합니다.
걱정의 잔재가 있음에도 불구하고
주님을 찬양합니다.
주님의 능력을 힘입어
오늘도 나아갑니다.

오늘 나의 감사를 적어보세요

오늘 나의 기도를 적어보세요

시와 찬송과 신령한 노래들로 서로 화답하며 너희의 마음으로 주께 노래하며 찬송하며 범사에 우리 주 예수 그리스도의 이름으로 항상 아버지 하나님께 감사하며 에베소서 5:19-20.

day 25

불평보다 찬양을 택하는 하루 되게 하소서

나의 발걸음을 가볍게 하시고
나의 일을 기쁘게 하소서.
일이 많은 것이 없는 것보다 낫습니다.
잠이 부족함이 잠만 자는 인생보다 감사합니다.

오늘 나의 감사를 적어보세요

▪ _____
_____

▪ _____
_____

▪ _____
_____

오늘 나의 기도를 적어보세요

▪ _____
_____

▪ _____
_____

▪ _____
_____

나는 항상 소망을 품고 주를 더욱더욱 찬송하리이다 시편 71:14.

day 26

있는 자리에서 감사와 평화를 누리게 하소서

어딘가 특별한 곳만이 나를 쉬게 할 수 있다는
착각을 버리게 하소서.
주께서 주시는 특별한 날들에
감사하며 누리겠습니다.
그러나 그렇지 못한 날이라고
불평하지도 않겠습니다.

오늘 나의 감사를 적어보세요

오늘 나의 기도를 적어보세요

여호와께서 하늘에서 굽어보사 모든 인생을 살피심이여 곧 그가 거하시는 곳에서 세상의 모든 거민들을 굽어살피시는도다 시편 33:13-14.

day 27

아버지, 알려주소서. 깨닫게 하소서

하나님께 나의 길을 맡겨드립니다.
나의 지혜를 주님께 맡깁니다.
이 하루 동안 해야 하는 모든 결정 앞에
아버지의 뜻을 고민하겠습니다.
가장 선한 길로 인도하실
아버지의 계획을 묻습니다.

오늘 나의 감사를 적어보세요

오늘 나의 기도를 적어보세요

예수께서 이르시되 어찌하여 선한 일을 내게 묻느냐 선한 이는 오직 한 분이시니라 네가 생명에 들어가려면 계명들을 지키라 마태복음 19:17.

day 28

오늘도 나는 예수가 필요합니다

어제의 모든 무거운 죄를
십자가의 보혈로 정결하게 하소서.
오늘도 나는 십자가의 은혜가 필요합니다.
오늘도 나는 성령 하나님의 일하심이 필요합니다.
그 은혜가 오늘 나를 살게 합니다.

오늘 나의 감사를 적어보세요

오늘 나의 기도를 적어보세요

너희가 무슨 일에든지 누구를 용서하면 나도 그리하고 내가 만일 용서한 일이 있으면 용서한 그것은 너희를 위하여 그리스도 앞에서 한 것이니 고린도후서 2:10.

아버지를 닮아 멋지고 당당한 자녀 되게 하소서

나의 은밀한 곳에서 나를 바라보시며,
나의 가장 깊은 마음을 감찰하시는 주님,
그 주님의 깊으심 앞에 나아갑니다.
아버지의 크심에 압도되고, 아버지의 깊으심에 탄복합니다.
그 하나님의 일하심이 오늘 나를 주도할 것을 믿습니다.

막다른 골목에 다다를 때에 주님이 나를 건지실 것을 믿습니다.
내가 올무에 걸려 넘어질 때에 주님이 나를 붙잡아주실 것을 믿습니다.
약하여 쓰러질 때에 나를 다시 일으키시는 분은 사람이 아니라 주님이십니다.
나를 죽음에서 건지신 분이 오늘을 살게 하실 것입니다.
그 주님을 버리고 인간을 의지하며 눈치 보는 삶을 살지 말게 하소서.
사랑하고, 돌보며, 책임지고, 함께하지만 사람을 의지하지 말게 하소서.
그들을 우상으로 만들지 말고, 온전히 하나님만을 신으로 모시게 하소서.
사람에게 인정받기 위한 하루가 되지 말게 하시되,
교만하거나 무례하지 않고 겸손하고 사랑하는 사람 되게 하소서.

아버지의 성품을 닮아 기쁨을 주는 사람이 되게 하소서.
아버지를 닮아 공의롭게 하시고, 평균케 하는 사람 되게 하소서.
모자란 사람에게 후하게 하시고, 넘치는 사람에게 아부하지 말게 하소서.
아버지를 닮아 멋지고 당당한 자녀 되게 하소서.
나의 주 예수 그리스도의 이름으로 기도합니다.
아멘!

day 29

나의 미래를 주님께 맡깁니다

아버지, 오늘 나의 길은 어떠합니까?
내가 예상할 수 없는 어려움이 있을까요?
아니면 예기치 못한 기쁨을 만날까요?
아버지, 나는 미래를 알 수 없으니
주님께 맡겨드립니다.
나의 길을 인도하소서.

오늘 나의 감사를 적어보세요

오늘 나의 기도를 적어보세요

그러므로 내 사랑하는 형제들아 견실하며 흔들리지 말고 항상 주의 일에 더욱 힘쓰는 자들이 되라 이는 너희 수고가 주 안에서 헛되지 않은 줄 앎이라 고린도전서 15:58.

day 30

주님이 주시는 힘으로 담대하게 나아갑니다

사건, 사고에
두려워하지 말게 하소서.
나쁜 일을 예상하며
지레 겁먹지 말게 하소서.
두려움이 아니라
소망과 기대로 가득차게 하소서.

오늘 나의 감사를 적어보세요

오늘 나의 기도를 적어보세요

하나님이 우리에게 주신 것은 두려워하는 마음이 아니요 오직 능력과 사랑과 절제하는 마음이니 **디모데후서 1:7.**

day 31

새로운 것에 도전하는 날 되기 원합니다

말을 많이 하던 나라면
듣는 내가 되게 하소서.
너무 심각하던 나라면
웃는 내가 되게 하소서.
소극적인 나라면
적극적인 내가 되게 하소서.

오늘 나의 감사를 적어보세요

오늘 나의 기도를 적어보세요

내가 주를 의뢰하고 적군을 향해 달리며 내 하나님을 의지하고 담을 뛰어넘나이다
시편 18:29.

day 32

나의 연약함을 주님께 드리오니 받아주소서

나의 육체의 연약함을 도우시고,
나의 영혼의 미약함을 도우소서.
주님의 말씀 앞에 굳건히 서서
오늘 하루를 살기 원합니다.

오늘 나의 감사를 적어보세요

-
-
-

오늘 나의 기도를 적어보세요

-
-
-

너희는 여호와를 영원히 신뢰하라 주 여호와는 영원한 반석이심이로다 이사야 26:4.

day 33

나는 주님의 피조물이기에 아름답습니다

나는 아버지의 자녀이며
영적 유산을 받을 상속자인 성도입니다.
나의 모든 정체성이
아버지께 있음을 선포합니다.
하나님이 나를 보시는 가치에
집중하게 하소서.

오늘 나의 감사를 적어보세요

오늘 나의 기도를 적어보세요

자녀이면 또한 상속자 곧 하나님의 상속자요 그리스도와 함께한 상속자니 우리가 그와 함께 영광을 받기 위하여 고난도 함께 받아야 할 것이니라 로마서 8:17.

day 34

뜨거운 아버지의 사랑을 전하게 하소서

나의 호흡도 지키시고 나의 머리카락도 세고 계신
아버지를 찬양합니다.
내가 만날 사람들을 향하여
이 뜨거운 아버지의 사랑을 전하게 하소서.
아버지 없는 삶이 얼마나 힘겹고 의미 없는지 알고
주께 돌아오게 하소서.

오늘 나의 감사를 적어보세요

___

___

___

오늘 나의 기도를 적어보세요

___

___

___

우리 각 사람에게 그리스도의 선물의 분량대로 은혜를 주셨나니 에베소서 4:7.

day 35

단 1분이라도 주님께 집중하게 하소서

오늘도 하나님 중심으로 살게 하소서.
하나님이 바라보시는 시선으로
상황을 보게 하소서.
하나님의 눈으로
사람을 바라보게 하소서.

오늘 나의 감사를 적어보세요

오늘 나의 기도를 적어보세요

주의 인자하심이 내 목전에 있나이다 내가 주의 진리 중에 행하여 시편 26:3.

주님을 소리 높여 찬양합니다

아바 아버지여, 주님은 나의 사랑이십니다. 나의 모든 것이십니다.
나의 소망이십니다. 나의 살아갈 힘이십니다. 주님은 내 생명이십니다.
나의 어떤 고백으로도 표현하기 부족한 온전한 신이십니다.
하나님의 일하심은 언제나 옳습니다.
나를 선택하신 그 사랑은 헤아릴 수 없을 만큼 크고 놀랍습니다.
나를 자녀 삼아 구원하신 그 사랑은 누구도 따라갈 수 없습니다.
그 긍휼과 사랑 앞에 누구도 목마르지 않으며 만족할 것입니다.

나의 모든 것을 다 드려도 하나님의 필요 어떤 것도 채울 수 없으나
나의 생명을 얻으신 것으로 주님은 온전히 기뻐하셨습니다.
나를 소중하게 여기신 그 사랑을 인하여 기뻐하고 기뻐합니다.
오늘 내가 살아 있음에 온전히 주님을 찬양하는 하루 되기 원합니다.
주님을 소리 높여 찬양합니다.

악인을 살게 하신 아버지의 사랑에 감사합니다.
왜냐하면 내가 악인이기 때문입니다.
그들만 살리신 것이 아니라 나도 살리신 것이기 때문입니다.
악인을 의롭게 하시고 구원하신 그 사랑 때문에 오늘도 기대하고 감사합니다.
모든 것 되시는 예수 그리스도의 이름으로 기도합니다.
아멘!

day 36

내미는 손, 다정한 말이 되게 하소서

하나님의 사랑과 복음을 나누게 하소서.
오늘 내미는 손이 되게 하시고,
다정한 말이 되게 하소서.
나의 주님처럼 품고
사랑하는 하루 되게 하소서.

오늘 나의 감사를 적어보세요

오늘 나의 기도를 적어보세요

오직 너희는 그리스도의 복음에 합당하게 생활하라 빌립보서 1:27.

day 37

오늘 나의 노래는 아버지입니다

새들도 노래하고 바람도 노래하는데
하나님은 가장 사랑하는 자녀인
나의 노래를 기뻐하실 줄 믿습니다.
나를 사랑하시고 구원하신 아버지를
노래하고 찬양합니다.

오늘 나의 감사를 적어보세요

_____
_____
_____
_____

오늘 나의 기도를 적어보세요

_____
_____
_____
_____

여호와의 친밀하심이 그를 경외하는 자들에게 있음이여 그의 언약을 그들에게 보이시리로다 시편 25:14.

day 38

구원, 그것이면 충분합니다

그리스도의 죽으심으로
나를 살리셨습니다.
그것이면 충분합니다.
오늘 내가 원하는 모든 것을
구원의 소식 앞에
굴복시키게 하소서.

오늘 나의 감사를 적어보세요

오늘 나의 기도를 적어보세요

주의 구원의 즐거움을 내게 회복시켜 주시고 자원하는 심령을 주사 나를 붙드소서
시편 51:12.

day 39

나의 시작도, 나의 끝도 아버지이십니다

아버지는
나의 시작이며 뿌리이십니다.
나의 모든 생명의 근원이시며
자양분의 공급처이십니다.
주님 없이는
아무것도 할 수 없음을 고백합니다.

오늘 나의 감사를 적어보세요

오늘 나의 기도를 적어보세요

나는 알파와 오메가요 처음과 마지막이요 시작과 마침이라 요한계시록 22:13.

day 40

피스 메이커 Peace Maker 되기 원합니다

내가 주님과 하나 되었듯이
오늘도 사람들과 하나 되게 하소서.
갈라진 것을 붙이며, 분열한 것을 하나 되게 하는
피스 메이커 Peace Maker 되기 원합니다.
주님이 하셨듯
그리 사는 하루 되게 하소서.

오늘 나의 감사를 적어보세요

오늘 나의 기도를 적어보세요

화평하게 하는 자는 복이 있나니 그들이 하나님의 아들이라 일컬음을 받을 것임이요
마태복음 5:9.

day 41

나의 돌아올 집 되시는 아버지를 찬양합니다

나의 피난처요, 나의 안식처 되시는
주님을 찬양합니다.
오늘 내가 나가며 두려워하지 않는 것은
돌아올 집이 있기 때문입니다.
돌아올 곳이 있는 자의 담대함을
오늘 나에게 주소서.

오늘 나의 감사를 적어보세요

오늘 나의 기도를 적어보세요

하나님은 우리의 피난처시요 힘이시니 환난 중에 만날 큰 도움이시라 시편 46:1.

day 42

주어지는 환경 속에서 자연스러움을 받아들이게 하소서

상사의 충고가 당연한 것이고,
부하직원의 미숙함이 당연하다 여기게 하소서.
세상 어디에도 내가 모두 만족할 만한 곳은
없다는 것을 알게 하소서.
나의 주 하나님이 동행하시는 그곳이
천국이 되게 하소서.

오늘 나의 감사를 적어보세요

오늘 나의 기도를 적어보세요

이것들이 아침마다 새로우니 주의 성실하심이 크시도소이다 예레미야애가 3:23.

나의 입술과 마음을 분수에 맞게 쓰게 하소서

생명의 주관자 되시는 하나님 아버지, 모든 것을 만드신 아버지, 감사합니다.
우리를 위하여 만드신 모든 것이 우리에게 주신 선물임에 감사합니다.
오늘도 나를 위하여 얼마나 많은 것을 준비하셨는지요.
그 사랑과 은혜에 감사합니다.
오늘 눈에 보이는 모든 것에 감사와 찬양을 올려드립니다.

내가 먹을 음식과 내가 입을 옷을 주신 아버지, 감사합니다.
나에게 필요한 돈을 주시고, 살아가게 하심을 감사합니다.
나로 건강한 몸을 주셔서 활동하게 하시니 감사합니다.
내가 숨쉴 수 있는 공기와 마실 물을 주신 아버지, 감사합니다.

음식이 맛없다 말하지 말게 하소서.
옷이 유행에 뒤처졌다 불평하지 말게 하소서.
돈이 모자라 허비할 여력이 없다 하지 말게 하소서.
더 건강하여 지나치도록 놀지 못한다 하지 말게 하소서.
더 좋은 경치와 더 고급 커피를 마시지 못해 아쉬워 말게 하소서.
나의 불평은 분수를 넘는 것임을 고백합니다.
감사해도 모자라는 시간을 불평으로 낭비하지 말게 하소서.
나의 입술과 마음을 분수에 맞게 쓰게 하소서.
나의 주 예수 그리스도의 이름으로 기도합니다.
아멘!

day 43

영원을 사는 마음으로 오늘을 살게 하소서

나의 짧은 인생길 가운데
영원한 주님을 사모합니다.
인생이 덧없다 하지 말게 하소서.
내가 주님과 동행한다면
이 하루가 영원에 맞닿았음을 믿습니다.

오늘 나의 감사를 적어보세요

-
-
-

오늘 나의 기도를 적어보세요

-
-
-

에녹이 하나님과 동행하더니 하나님이 그를 데려가시므로 세상에 있지 아니하였더라
창세기 5:24.

day 44

말씀을 힘입어 모든 두려움을 삭제합니다

"내가 함께한다. 내가 너를 지킨다.
너는 내 것이다" 말씀하소서.
그 말씀을 힘입어 오늘도 담대히 나아갑니다.
나는 주님의 뒤에 숨어 있을 뿐입니다.
주님이 나를 붙잡고 함께 가주소서.

오늘 나의 감사를 적어보세요

오늘 나의 기도를 적어보세요

하나님이여 내게 은혜를 베푸소서 내게 은혜를 베푸소서 내 영혼이 주께로 피하되 주의 날개 그늘 아래에서 이 재앙들이 지나기까지 피하리이다 시편 57:1.

day 45

빛 되신 주님처럼 나도 빛으로 살기 원합니다

내 안의 빛에
집중하는 삶을 살게 하소서.
오늘도 세상의 빛이 되신 주님처럼
나도 빛으로 살기 원합니다.
나의 갈 길을 밝히시는
주님을 찬양합니다.

오늘 나의 감사를 적어보세요

오늘 나의 기도를 적어보세요

다시 밤이 없겠고 등불과 햇빛이 쓸데없으니 이는 주 하나님이 그들에게 비치심이라 그들이 세세토록 왕 노릇 하리로다 요한계시록 22:5.

day 46

오늘, 말씀대로 사는 걸음 되게 하소서

오늘의 걸음걸음이
말씀대로 사는 걸음 되게 하소서.
나의 서는 자리, 앉는 자리, 가는 자리,
모든 곳에서 말씀대로 살기 원합니다.
주님이 이 세상을 사랑하신 대로
나도 세상을 사랑하겠습니다.

오늘 나의 감사를 적어보세요

오늘 나의 기도를 적어보세요

여호와께서는 자기에게 간구하는 모든 자 곧 진실하게 간구하는 모든 자에게 가까이하시는도다 시편 145:18.

day 47

모든 주권을 주님께 올려드립니다

사랑하는 가족과 친구, 동료,
이웃을 주신 아버지, 감사합니다.
그들은 짐이 아니라 축복이며
나를 회복시키는 이들입니다.
오늘도 나에게 일하시듯
나의 사랑하는 이들에게 일하소서.

오늘 나의 감사를 적어보세요

오늘 나의 기도를 적어보세요

모든 통치와 권세와 능력과 주권과 이 세상뿐 아니라 오는 세상에 일컫는 모든 이름 위에 뛰어나게 하시고 에베소서 1:21.

day 48

매일매일이 주님과 함께하는 신나는 도전입니다

오늘 나의 아버지의 손을 잡고
다시 시작합니다.
어제는 실패했더라도
오늘은 다를 수 있음을 고백합니다.
매일매일이 새로운 도전입니다.

오늘 나의 감사를 적어보세요

오늘 나의 기도를 적어보세요

두려워하지 말라 내가 너와 함께함이라 놀라지 말라 나는 네 하나님이 됨이라 내가 너를 굳세게 하리라 참으로 너를 도와주리라 참으로 나의 의로운 오른손으로 너를 붙들리라 이사야 41:10.

day 49

오늘이 마지막인 것처럼 주님을 사랑하게 하소서

오늘 내가 주님과 만나 교제하며 누리는 삶을
포기하지 말게 하소서.
일하느라 주님을 외면하지 말게 하소서.
일하느라 주님을 사랑하는 시간을
빼앗기지 말게 하소서.

오늘 나의 감사를 적어보세요

오늘 나의 기도를 적어보세요

부지런하여 게으르지 말고 열심을 품고 주를 섬기라 소망 중에 즐거워하며 환난 중에 참으며 기도에 항상 힘쓰며 로마서 12:11-12.

모든 힘의 근원이 주님께 있습니다

오늘을 살아갈 힘을 주시는 아버지, 감사합니다.
나의 달려갈 길을 주신 아버지를 찬양합니다.
아침에 일어나 멍하니 앉아 아무것도 하지 못하는 사람이 아니라
무언가를 할 수 있도록 일어날 목표를 주신 아버지, 감사합니다.
오늘도 그 해야 하는 일들을 행할 힘을 주소서.

모든 힘의 근원이 주님께 있음을 고백합니다.
내가 하는 모든 일은 나의 힘이 아니라 주님의 힘으로 하는 것임을 고백합니다.
고무장갑이 내가 설거지를 다 했다고 자랑하지 않듯이
오늘 내가 사는 것이 내가 다 한 것이라 자랑하지 말게 하소서.
하나님의 손이 들어와야 고무장갑이 움직이는 것처럼,
그런 마음으로 살게 하소서.

오늘 나의 위치와 역할을 분명히 알고 의미 있게 보내게 하소서.
능력 주시는 이가 누구이신지를 명확히 알고 겸손하게 하소서.
연약한 자들을 향하여 언어와 표정의 횡포를 부리지 말게 하소서.
내가 온유할 수밖에 없는 이유가 내 힘이 아님을 고백함으로 시작되게 하소서.
모든 것을 주님이 하셨습니다. 모든 것을 주님이 하실 것입니다.
모든 영광을 주님께 올려드립니다.
나의 주 예수 그리스도의 이름으로 기도합니다.
아멘!

day 50

아침부터 저녁까지 나를 주관하여 주소서

아버지,
오늘 내가 무엇을 하기 원하십니까?
아버지,
오늘 내가 어떤 말을 해야 할까요?
오늘 나의 입술과 얼굴과 행동을 지켜주소서.

오늘 나의 감사를 적어보세요

오늘 나의 기도를 적어보세요

만일 우리가 하나님과 사귐이 있다 하고 어둠에 행하면 거짓말을 하고 진리를 행하지 아니함이거니와 요한일서 1:6.

day 51

아버지처럼 나를 사랑하는 날 되게 하소서

오늘도 올바로 나를 사랑하는 법을
하나님을 통해 배우기 원합니다.
당장 즐거운 것을 하는 것 말고,
나에게 유익한 것을 하게 하소서.
당장 가지고 싶은 것 말고,
나를 기쁘게 하는 행동을 하게 하소서.

오늘 나의 감사를 적어보세요

오늘 나의 기도를 적어보세요

존귀한 자는 존귀한 일을 계획하나니 그는 항상 존귀한 일에 서리라 이사야 32:8.

day 52

오늘도 나의 길이 선하게 하소서

하나님의 일하심은
언제나 올바릅니다.
하나님의 인도하심은
언제나 최선의 것입니다.
오늘도 이 길을 따라가기 원합니다.
도와주소서.

오늘 나의 감사를 적어보세요

-
-
-

오늘 나의 기도를 적어보세요

-
-
-

악인은 불의의 이익을 탐하나 의인은 그 뿌리로 말미암아 결실하느니라 **잠언 12:12**.

day 53

하나님의 은혜 아니면 살 수 없습니다

내가 가져서 누리는 것이 아니라
주셔서 누리는 것임을 알게 하소서.
하나님의 은혜가 아니면
살 수 없는 존재임을 고백합니다.
그래서 오늘이 더 기쁘고 행복합니다.

오늘 나의 감사를 적어보세요

오늘 나의 기도를 적어보세요

그가 그 피조물 중에 우리로 한 첫 열매가 되게 하시려고 자기의 뜻을 따라 진리의 말씀으로 우리를 낳으셨느니라 야고보서 1:18.

day 54

가까운 이들부터 사랑하겠습니다

하나님이 세상을 사랑하신 것처럼
오늘 나도 세상을 사랑하게 하소서.
나의 가까운 이웃을 사랑하고, 동료를 사랑하고,
가족을 사랑하게 하소서.
나를 건지신 아버지의 사랑을
오늘도 실천하겠습니다.

오늘 나의 감사를 적어보세요

오늘 나의 기도를 적어보세요

사랑하는 자들아 우리가 서로 사랑하자 사랑은 하나님께 속한 것이니 사랑하는 자마다 하나님으로부터 나서 하나님을 알고 요한일서 4:7.

day 55

오직 주님의 가르침을 따라가는 날 되게 하소서

오늘도 나의 가야 할 길을
알려주시고 가르쳐주소서.
이 세상에 널려 있는 수많은 정보가
나를 주도하지 말게 하소서.
나의 모든 것의 가르침은
주님께로부터 와야 함을 알게 하소서.

오늘 나의 감사를 적어보세요

오늘 나의 기도를 적어보세요

그러나 내가 가는 길을 그가 아시나니 그가 나를 단련하신 후에는 내가 순금같이 되어 나오리라 욥기 23:10.

day 56

하늘에서처럼 이 땅에서 살게 하소서

이 땅에 살면서
이 땅처럼 살지 말게 하소서.
발을 땅에 디디었다고
눈도 땅만 보지 말게 하소서.
하나님을 바라보며
언제나 소망으로 살게 하소서.

오늘 나의 감사를 적어보세요

오늘 나의 기도를 적어보세요

주를 경외하는 자에게 깃발을 주시고 진리를 위하여 달게 하셨나이다 시편 60:4.

부모님의 노고를 기억하게 하소서

모든 존재하는 것의 시작이 되시는 아버지, 감사합니다.
나를 만드신 것도 아버지이시고, 이 우주를 존재하게 하시는 것도 아버지이십니다.
그럼에도 육신의 부모님을 주시니 감사합니다.
내가 선택할 수는 없었으나 그분들을 통해 이 세상에 나오게 하심을 감사합니다.
그것만으로도 부모님께 감사해야 함을 알게 하소서.

내가 원하지 않은 힘든 세상에 왜 나를 만들었냐고 원망하는 사람도 있지만,
존재하지 않는다면 아무 의미도 없는 것을 알고 감사하게 하소서.
힘들 때 원망한다면 그 나머지 시간은 다 감사할 것 투성이라는 사실을 알게 하소서.
오늘 나를 낳으신 부모님께 감사하게 하소서.
나를 기르신 분들의 노고를 기억하게 하소서.
나를 챙기는 것도 그렇게 힘든데, 자식을 챙기는 삶이 얼마나 고단한지요.
본능이라 치부하지 말게 하소서. 내리사랑이니 당연하다 여기지 말게 하소서.
지금 내가 자식을 키워보니 할 만했다 단정짓지 말게 하소서.
그 시절 그 상황을 누가 알겠습니까.

마음의 감사를 입술로 표현하게 하시고,
그 마음으로 주님께 또 감사하게 하소서.
나의 부모님의 건강을 지키시고 돌보아주소서.
또한 나의 부모님보다 하나님이 나를 더 사랑하심으로 인해 위로받게 하소서.
나의 처음 되시는 예수 그리스도의 이름으로 기도합니다.
아멘!

day 57

그저 감사드립니다

내 마음 같지 않은 가족을 주신 아버지,
감사합니다.
내 마음 같지 않아 더 사랑하게 하시니 감사합니다.
주신 모든 것으로 주님을 찬양합니다.

오늘 나의 감사를 적어보세요

오늘 나의 기도를 적어보세요

근심하는 자 같으나 항상 기뻐하고 가난한 자 같으나 많은 사람을 부요하게 하고 아무 것도 없는 자 같으나 모든 것을 가진 자로다 고린도후서 6:10.

day 58

나를 주도하는 것은 아버지의 사랑입니다

부족함도 사랑이고, 불편함도 사랑입니다.
하나님의 사랑은 당장 편하고 채워져
나태하게 만드는 사랑이 아닙니다.
아버지의 사랑은 영원하고
나를 가장 좋게 하려는 사랑입니다.

오늘 나의 감사를 적어보세요

___

___

___

오늘 나의 기도를 적어보세요

___

___

___

그들에게 이르시되 삼가 모든 탐심을 물리치라 사람의 생명이 그 소유의 넉넉한 데 있지 아니하니라 하시고 **누가복음 12:15**.

day 59

주님이 도우셔서 이만큼 된 것을 믿습니다

지금 나의 상태가
최악이라 여기지 말게 하소서.
오늘도 가는 길이 평지가 되게 하시고
견딜 힘을 주소서.
아버지와 함께라면
더 큰 산도 넘을 수 있음을 믿습니다.

오늘 나의 감사를 적어보세요

오늘 나의 기도를 적어보세요

하나님이여 위엄을 성소에서 나타내시나이다 이스라엘의 하나님은 그의 백성에게 힘과 능력을 주시나니 하나님을 찬송할지어다 시편 68:35.

day 60

순수하게 사랑하는 날 되게 하소서

나를 사랑해야 하고, 나를 칭찬해야 하고,
나를 도와야 한다 여기지 말게 하소서.
내가 사랑해야 하고, 내가 칭찬해야 하고,
내가 도와야 함을 알게 하소서.
오늘은 사랑하고, 칭찬하며,
도움을 주는 삶을 살기 원합니다.

오늘 나의 감사를 적어보세요

오늘 나의 기도를 적어보세요

어찌하여 형제의 눈 속에 있는 티는 보고 네 눈 속에 있는 들보는 깨닫지 못하느냐
마태복음 7:3.

day 61

나도 나를 포기하지 않겠습니다

나의 구멍 난 모든 영역을 넘치는
주님의 능력으로 채워주소서.
아버지가 나를 포기하시지 않았다면
나도 나를 포기하지 않겠습니다.
응석부리는 자리에서 벌떡 일어나
힘 있게 살게 하소서.

오늘 나의 감사를 적어보세요

오늘 나의 기도를 적어보세요

그러므로 내가 그리스도를 위하여 약한 것들과 능욕과 궁핍과 박해와 곤고를 기뻐하노니 이는 내가 약한 그때에 강함이라 고린도후서 12:10.

day 62

나의 넘어 계시는 주님께 내어 맡기게 하소서

하나님의 일하심을
축소시키지 말게 하소서.
나의 아버지의 크심을 인정하고
모든 영역을 주님께 내어드립니다.
아버지의 생각과 아버지의 사랑을
축소시키지 말게 하소서.

오늘 나의 감사를 적어보세요

오늘 나의 기도를 적어보세요

일어나 먹으라 네가 갈 길을 다 가지 못할까 하노라…이에 일어나 먹고 마시고 그 음식물의 힘을 의지하여 사십 주 사십 야를 가서 하나님의 산 호렙에 이르니라 **열왕기상 19:7-8**.

day 63

오늘이 마지막 날인 것처럼 살게 하소서

오늘은 생명이 위급한 사람에게는
절대로 평범할 수 없는 귀한 날입니다.
아무 의미 없는 것같이 평범한 오늘,
이날이 얼마나 의미 있게 살기에
충분한 날인지 알게 하소서.
모든 순간을 누리게 하소서.

오늘 나의 감사를 적어보세요

오늘 나의 기도를 적어보세요

사랑하는 자들아 주께는 하루가 천 년 같고 천 년이 하루 같다는 이 한 가지를 잊지 말라 베드로후서 3:8.

악의 모양조차 생각하지 않게 하소서

아버지만이 나의 모든 것이십니다.
오늘도 나의 눈 뜨는 이 순간부터 주님을 찬양합니다.
이 세상을 만드시고 오늘 나에게 하루를 맞이하게 하신 아버지, 감사합니다.
나의 마음과 뜻과 노력을 다하여 주님을 찬양하고 경배합니다.

오늘도 나의 마음의 예배를 받으소서.
어제까지의 모든 죄악을 깨끗하게 씻어주소서.
보혈로 나를 정결하게 하실 때에 나의 모든 악한 의도와 내심까지 씻어주소서.
다시는 악의 모양조차 생각하지 않을 수 있는 은혜를 허락하소서.
그러나 연약하여 또 범죄할 때에 가장 먼저 주님을 찾게 하소서.

나의 죄된 모습의 반복에도 불구하고 오늘 주님을 향하여 나아갑니다.
부끄러워 숨는 것이 아니라 부끄러워 더욱 주님께 가까이 갑니다.
나를 구제하실 분은 주님밖에 없기 때문입니다.
그 은혜를 힘입어 오늘도 담대히 살겠습니다.
나의 힘이 아니라 주님의 힘으로 살기 원합니다.

오늘 만나는 이들을 향해 나의 구원이 선포되게 하시고,
그들을 아버지의 자녀로 인도하게 하소서.
아버지를 기쁘시게 해드리는 하루 되게 하소서.
나의 주 예수 그리스도의 이름으로 기도합니다.
아멘!

day 64

나의 영혼부터 단장하게 하소서

어제까지의 모든 죄악을
주님 앞에 내려놓습니다.
예수 그리스도의 보혈로
나를 정결하게 하소서.
나의 몸단장만 깨끗하게 하는 것이 아니라
나의 영혼부터 단장하고 시작하게 하소서.

오늘 나의 감사를 적어보세요

오늘 나의 기도를 적어보세요

그러므로 우리는 긍휼하심을 받고 때를 따라 돕는 은혜를 얻기 위하여 은혜의 보좌 앞에 담대히 나아갈 것이니라 히브리서 4:16.

day 65

주님과 함께 최고의 안식을 누리게 하소서

안식하는 법도 배우고 연습하게 하소서.
남에게 보이려고 쉬지 말게 하소서.
쉼을 경쟁하지 말게 하소서.
내가 일하고 쉬는 자리에
주님을 모심으로 평안을 누립니다.

오늘 나의 감사를 적어보세요

___

___

___

오늘 나의 기도를 적어보세요

___

___

___

여호와께서 이르시되 내가 친히 가리라 내가 너를 쉬게 하리라 출애굽기 33:14.

day 66

내가 사는 것, 오늘 주를 위한 삶입니다

오늘 일을 하며
주를 위해 일하게 하소서.
오늘 나의 호흡이
주를 위한 것이게 하소서.
오늘 아주 작은 내가
지금 하는 모든 것이 되게 하소서.

오늘 나의 감사를 적어보세요

오늘 나의 기도를 적어보세요

병사로 복무하는 자는 자기 생활에 얽매이는 자가 하나도 없나니 이는 병사로 모집한 자를 기쁘게 하려 함이라 디모데후서 2:4.

day 67

아버지의 사랑은 언제나 최선 그 이상이었습니다

아버지의 사랑은
온전하고 옳았습니다.
나도 모르는 나를 최상의 것으로
인도하시는 분입니다.
내가 그 하나님의 자녀라는 것이
얼마나 자랑스러운지요.

오늘 나의 감사를 적어보세요

오늘 나의 기도를 적어보세요

높음이나 깊음이나 다른 어떤 피조물이라도 우리를 우리 주 그리스도 예수 안에 있는 하나님의 사랑에서 끊을 수 없으리라 로마서 8:39.

day 68

그냥 주님이 좋아서 주님을 찾습니다

나를 도우시라고 주님을 찾는 것이 아닙니다.
주님이 좋아서 주님을 찾습니다.
아버지의 기능과 실력을 이용하려고
주님을 찾는 것이 아닙니다.
오늘도 나를 떠나지 말고 동행하소서.

오늘 나의 감사를 적어보세요

오늘 나의 기도를 적어보세요

그를 높이라 그리하면 그가 너를 높이 들리라 만일 그를 품으면 그가 너를 영화롭게 하리라 잠언 4:8.

day 69

최대한 나답게 사는 법을 발견하게 하소서

세상을 살면서
얼마나 원하지 않는 웃음을 웃어야 하는지요.
가면을 쓰고 있는 것 같은 삶에서
벗어나게 하소서.
주님은 나를 만드시고 이 세상도 만드셨으니
오늘 나의 가야 할 길을 알려주소서.

오늘 나의 감사를 적어보세요

오늘 나의 기도를 적어보세요

여호와여 주께서 나를 살펴보셨으므로 나를 아시나이다 시편 139:1.

day 70

내가 받은 용서를 생각하며 관용하게 하소서

죽어도 아깝지 않은 나를
살리신 주님을 찬양합니다.
이 은혜로 오늘을 살면서
나에게 죄지은 자를 용서하게 하소서.
아버지가 나를 다루시듯
나도 다른 사람들을 대하게 하소서.

오늘 나의 감사를 적어보세요

오늘 나의 기도를 적어보세요

비판하지 말라 그리하면 너희가 비판을 받지 않을 것이요 정죄하지 말라 그리하면 너희가 정죄를 받지 않을 것이요 용서하라 그리하면 너희가 용서를 받을 것이요 **누가복음 6:37.**

마음의 전쟁에서 완전한 승리를 허락하소서

아침에 일어나 제일 먼저 주님을 기억합니다.
간밤의 메마른 육체를 위해 물을 마시듯이,
나의 영혼이 주님의 사랑으로 다시 적셔지게 하소서.
나의 모든 결핍을 채우실 수 있는 분은 주님이심을 고백합니다.

주님만이 나의 끝없는 필요를 채우실 수 있습니다.
이 세상 어떤 것도 나의 삶에 안식을 줄 수 없음을 고백합니다.
아버지께만 참된 안식과 평안이 있음을 고백합니다.
이 아침에 내가 제일 먼저 아버지의 품에서 안식을 누리고 시작하게 하소서.

모든 순간 사탄이 나를 정죄하며 "할 수 없다" 속삭일 때에
주님은 나의 심장에서 더 큰 소리로 외쳐주소서.
"나의 모든 가능성은 하나님에게서 나온다"라고 소리쳐주소서.
사탄이 나의 죄를 기억하게 하고 자격 없음을 외칠 때에
주님이 나에게 기름 부어주셔서 나의 의가 하늘로부터 옴을 알게 하소서.

사탄이 내가 할 수 없음을 세뇌시킬 때에
주님, 나의 눈을 고쳐주셔서 나를 돕는 천군과 천사를 보게 하소서.
오늘 하루 마음의 전쟁에서 완전한 승리를 허락하소서.
나의 승리가 되시는 예수 그리스도의 이름으로 기도합니다.
아멘!

day 71

아버지, 오늘 이 시간을 어떻게 사용하기 원하십니까?

하나님의 시간 속에는
어떤 일들이 있습니까?
눈을 들어
하나님의 관심사를 바라보게 하소서.
하나님이 계신 그곳에 나도 있게 하소서.
도우소서. 일하소서. 함께하소서.

오늘 나의 감사를 적어보세요

오늘 나의 기도를 적어보세요

아버지께서 나를 세상에 보내신 것같이 나도 그들을 세상에 보내었고 요한복음 17:18.

day 72

모든 상황을 은혜로 정리하게 하소서

하나님의 은혜가
나의 목까지 차오를 때에
모든 것이 받아들여지고 이해될 줄 믿습니다.
이해되지 않는 것들은
사랑으로 여겨질 줄 믿습니다.

오늘 나의 감사를 적어보세요

오늘 나의 기도를 적어보세요

또 내게 말씀하시되 이루었도다 나는 알파와 오메가요 처음과 마지막이라 내가 생명수 샘물을 목마른 자에게 값없이 주리니 요한계시록 21:6.

day 73

사람을 살리는 날이 되기를 원합니다

말이 사람을 죽일 수 있다면
말이 사람을 살릴 수 있습니다.
오늘 나의 말이 많은 사람을
살리고 용기를 주겠습니다.
나의 입술을 열어 주님의 음성으로
위로하고 칭찬하겠습니다.

오늘 나의 감사를 적어보세요

오늘 나의 기도를 적어보세요

말이 많으면 허물을 면하기 어려우나 그 입술을 제어하는 자는 지혜가 있느니라 잠언 10:19.

day 74

아버지를 향해 정면으로 달려가게 하소서

아버지를 사랑하면
내가 오늘을 어떻게 살아야 할지를
선명하게 알게 될 것입니다.
주변을 맴돌며 어찌할지 몰라 전전긍긍하지 말고
아버지를 향해 정면으로 달려가게 하소서.

오늘 나의 감사를 적어보세요

오늘 나의 기도를 적어보세요

나를 사랑하는 자들이 나의 사랑을 입으며 나를 간절히 찾는 자가 나를 만날 것이니라
잠언 8:17.

day 75

세상에 물들지 않는 하루 되기 원합니다

오늘도 자랑하기 위해
돈 벌지 말게 하소서.
오늘도 탐욕을 채우기 위해
돈 쓰지 말게 하소서.
물질을 선하게 만드는 중심을 가지고
벌게 하시고 쓰게 하소서.

오늘 나의 감사를 적어보세요

오늘 나의 기도를 적어보세요

오직 너희를 위하여 보물을 하늘에 쌓아두라 거기는 좀이나 동록이 해하지 못하며 도둑이 구멍을 뚫지도 못하고 도둑질도 못하느니라 마태복음 6:20.

day 76

나는 약하나 주님은 강하십니다

나를 기대하는 것이 아니라
주님을 기대하여 소망을 갖습니다.
오늘도 작은 일에 낙망하지 않겠습니다.
주님은 나의 힘의 근원이시기 때문입니다.

오늘 나의 감사를 적어보세요

오늘 나의 기도를 적어보세요

그리스도께서 약하심으로 십자가에 못 박히셨으나 하나님의 능력으로 살아 계시니 우리도 그 안에서 약하나 너희에게 대하여 하나님의 능력으로 그와 함께 살리라 고린도후서 13:4.

day 77

그 무엇도 나와 하나님을 가로막을 수 없습니다

이날은 낙망의 날이 아니라 기쁨의 날이요,
사라진 기회가 다시 살아나는 날입니다.
내가 아버지와 가까이 있다면
어떤 것도 실패란 없습니다.
포기가 없는 날이 되게 하소서.

오늘 나의 감사를 적어보세요

오늘 나의 기도를 적어보세요

이르시되 내가 은혜 베풀 때에 너에게 듣고 구원의 날에 너를 도왔다 하셨으니 보라 지금은 은혜 받을 만한 때요 보라 지금은 구원의 날이로다 고린도후서 6:2.

천천히 걷는 것만으로 감사하는 날 되게 하소서

내 영혼의 깊은 곳에서 주님을 사랑하고 경배합니다.
아버지는 나의 시작이며 끝이십니다.
오늘 이 하루는 그 모든 것의 잠깐일 뿐입니다.
그러나 이 하루가 모여 나의 모든 것이 됨을 믿기에
오늘도 신실하게 이 하루를 맞이합니다.

사랑의 아버지가 오늘 나를 불러주심에 감사합니다.
내가 그 음성에 응답하며 나의 손을 내밀어 주님께 드립니다.
이 손을 붙잡아주소서.
그리고 이 하루를 어렵게 얻은 소풍길처럼 감사한 마음으로 살게 하소서.
비록 소풍길에 뛰어다닐 수 없을 만큼 연약한 육체를 가졌다 하더라도
천천히 걷는 것만으로 감사하는 날이 되게 하소서.

오늘 나에게 주어진 모든 것에 감사합니다.
내 눈에 부족해 보이나 실제로는 주어질 수 없는 행운일 수도 있음을 고백합니다.
나의 모든 욕심을 내려놓고 오늘을 다시 바라보며 감사하게 하소서.
내 모든 일과 속에서 살아계신 주님을 만나기 원합니다.
오늘도 나의 앉은 자리와 선 자리, 걷는 자리, 누운 자리 등
모든 곳에 함께 임하여 주소서.
나의 주 예수 그리스도의 이름으로 기도합니다.
아멘!

day 78

오늘 살아 있음에 무한 감사드립니다

나의 신발이 계절별로 있음에 감사합니다.
오늘 내가 나가 타고 갈 버스가 있게 하시니 감사합니다.
눈을 들어 하늘을 보게 하시고
더위를 느끼게 하시니 감사합니다.

오늘 나의 감사를 적어보세요

오늘 나의 기도를 적어보세요

내가 여호와께서 우리에게 베푸신 모든 자비와 그의 찬송을 말하며 그의 사랑을 따라, 그의 많은 자비를 따라 이스라엘 집에 베푸신 큰 은총을 말하리라 이사야 63:7.

day 79

하나님을 이해하지 못함이 은혜입니다

하나님의 수가 내 판단에 다 보여서
빤하지 않음에 감사합니다.
하나님이 내 손안에 있어서
다 이해되지 않음에 감사드립니다.
일하여 주소서. 주관해 주소서.

오늘 나의 감사를 적어보세요

오늘 나의 기도를 적어보세요

내가 알거니와 여호와께서는 위대하시며 우리 주는 모든 신들보다 위대하시도다
시편 135:5.

day 80

다시 힘을 냅니다. 다시 달려갑니다

하나님은 포기가 없으십니다.
주님이 포기하시지 않은 것처럼,
오늘 나도 나를 포기하지 않겠습니다.
모든 고통은 부서질 것입니다.
모든 장애물은 넘어뜨려질 것입니다.

오늘 나의 감사를 적어보세요

오늘 나의 기도를 적어보세요

우리가 선을 행하되 낙심하지 말지니 포기하지 아니하면 때가 이르매 거두리라
갈라디아서 6:9.

day 81

미움에서 자유로운 날 되게 하소서

자녀들의 잘못과 부모의 부족함을
낱낱이 드러내지 말게 하소서.
직장 상사나 부하직원의 잘못을 찾기 위해
아침부터 머리 쓰지 말게 하소서.
이 세상의 부족함으로 한탄하며
하루를 시작하지 말게 하소서.

오늘 나의 감사를 적어보세요

오늘 나의 기도를 적어보세요

형제들아 너희가 자유를 위하여 부르심을 입었으나 그러나 그 자유로 육체의 기회를 삼지 말고 오직 사랑으로 서로 종노릇하라 갈라디아서 5:13.

day 82

주도적으로 하나님의 나라를 위해 일하기 원합니다

불의가 있는 곳에
공의를 찾는 자 되게 하소서.
약한 자가 있는 곳에
도움과 사랑을 베푸는 자 되게 하소서.
하나님을 모르는 자들 가운데
하나님을 전하는 자 되게 하소서.

오늘 나의 감사를 적어보세요

오늘 나의 기도를 적어보세요

나라가 임하시오며 뜻이 하늘에서 이루어진 것같이 땅에서도 이루어지이다 마태복음 6:10.

day 83

영적으로 전진하는 날 되게 하소서

말씀으로 무장하고,
기도로 하나님을 가까이하게 하소서.
실천으로 믿음을 강화하고,
삶이 예배가 되게 하소서.
사막처럼 메마른 곳에 물이 넘치고,
풀이 없는 곳에 꽃이 피고 열매 맺게 하소서.

오늘 나의 감사를 적어보세요

오늘 나의 기도를 적어보세요

그러므로 하나님의 전신 갑주를 취하라 이는 악한 날에 너희가 능히 대적하고 모든 일을 행한 후에 서기 위함이라 에베소서 6:13.

day 84

주님 닮아 빛으로 사는 하루 되게 하소서

오늘도 이 세상의 모든 어두운 구석에
일하여 주소서.
나도 빛 되신 주님이 계신 곳에
관심을 갖게 하소서.
빛을 알아볼 수 있는 눈을 주소서.

오늘 나의 감사를 적어보세요

오늘 나의 기도를 적어보세요

그러므로 우리가 여호와를 알자 힘써 여호와를 알자 그의 나타나심은 새벽빛같이 어김없나니 비와 같이, 땅을 적시는 늦은 비와 같이 우리에게 임하시리라 하니라 **호세아 6:3.**

주님의 시선 앞에서 살게 하소서

나의 모든 날이 주님의 눈앞에 있음을 고백합니다.
오늘 모든 곳에서 나를 바라보시는 주님의 시선 앞에서 살게 하소서.
그 시선이 경찰의 시선처럼 느껴지는 것이 아니라
사랑하는 어머니의 시선으로 느껴지게 하소서.

내가 죄를 지으려 한다면 아버지의 시선이 감시의 시선이 될 것입니다.
내가 선한 일을 하려 한다면 아버지의 시선은 칭찬을 위한 기대가 될 것입니다.
오늘 나의 마음이 아버지께로 맞추어지게 하셔서
아버지의 모든 시선이 즐겁고 행복한 시선이 되게 하소서.

아버지여, 나에게도 주님의 시선을 주시옵소서.
그래서 아버지의 눈으로 바라보아 참으로 불쌍한 자들을 발견하게 하소서.
그들을 위해 흘릴 눈물을 가지게 하소서.
언제나 가족을 향하여 경찰의 시선을 가졌던 것을 용서하소서.
동료나 이웃을 향하여 비판의 시선으로만 바라보았음을 고백합니다.

오늘 사랑의 눈으로, 베풂의 눈으로 다시 바라보게 하소서.
비단 사람만이 아니라 이 나라를, 회사, 학교, 교회를 그리 바라보게 하소서.
그리고 내가 할 수 있는 무엇이든 도움을 베풀게 하소서.
나의 주 예수 그리스도의 이름으로 기도합니다.
아멘!

day 85

내 작은 정의가 하나님 나라를 임하게 합니다

작은 일에도
공의롭게 하소서.
사소한 일에도
정의의 편에 서게 하소서.
올바로 말하고,
올바로 행동하게 하소서.

오늘 나의 감사를 적어보세요

오늘 나의 기도를 적어보세요

주의 나라는 영원한 나라이니 주의 통치는 대대에 이르리이다 시편 145:13.

day 86

오늘도 하나님과 나의 역사가 되게 하소서

소중한 나의 삶을 기억하고,
기록하고, 찬양하게 하소서.
살아 계신 하나님의 발자취임에
감사하게 하소서.
오늘도 그 역사를 쓰게 하소서.

오늘 나의 감사를 적어보세요

오늘 나의 기도를 적어보세요

내가 사망의 음침한 골짜기로 다닐지라도 해를 두려워하지 않을 것은 주께서 나와 함께하심이라 주의 지팡이와 막대기가 나를 안위하시나이다 시편 23:4.

day 87

발 디딘 곳마다 장애물을 치우심에 감사합니다

내가 오르막길을 오를 때에
산을 평지로 만드심에 감사합니다.
내가 나락으로 떨어질 때마다
계곡을 메우심에 감사합니다.
여호와 이레의 하나님이
나보다 먼저 가심을 찬양합니다.

오늘 나의 감사를 적어보세요

오늘 나의 기도를 적어보세요

너희는 그들을 두려워하지 말라 너희의 하나님 여호와께서 친히 너희를 위하여 싸우시리라 하였노라 신명기 3:22.

day 88

오늘도 새로운 의욕을 주소서

막막한 하루 앞에 서서
때로는 무기력할 때에도 주님을 찬양합니다.
하기 싫은데 해야 하는 일이 있다면
그 일이 하고 싶어지게 도우소서.
하고 싶은 꿈을 이루기 위해 아주 오랫동안
하기 싫은 과정을 거쳐야 함을 알게 하소서.

오늘 나의 감사를 적어보세요

오늘 나의 기도를 적어보세요

인내는 연단을, 연단은 소망을 이루는 줄 앎이로다 로마서 5:4.

day 89

묶인 것이 풀리는 하루 되기를 소망합니다

풀리지 않는 관계가 있다면
풀리게 하소서.
상대가 풀기를 기다리지 않고
먼저 다가가기 원합니다.
부끄러워 피하지 말게 하시고
선을 위해 용기를 내게 하소서.

오늘 나의 감사를 적어보세요

오늘 나의 기도를 적어보세요

진실로 너희에게 이르노니 무엇이든지 너희가 땅에서 매면 하늘에서도 매일 것이요 무엇이든지 땅에서 풀면 하늘에서도 풀리리라 마태복음 18:18.

day 90

모든 순간, 모든 상황에서 주님이 필요합니다

내가 잘 나갈 때에도
나는 주님이 필요합니다.
자만하여 잘못된 결정을 할까 두렵습니다.
내가 못 나갈 때에도
나는 주님을 필요로 합니다.
낙망하여 포기할까 두렵습니다.

오늘 나의 감사를 적어보세요

_____

_____

_____

오늘 나의 기도를 적어보세요

_____

_____

_____

너는 갑작스러운 두려움도 악인에게 닥치는 멸망도 두려워하지 말라 **잠언 3:25**.

day 91

신앙에서도, 삶에서도 어른스럽게 하소서

오늘 나의 믿음의 어른스러움이
아버지를 드러내게 하소서.
대접받기보다
섬기는 자 되게 하소서.
어른 노릇 하지 말고
존경받는 사람 되게 하소서.

오늘 나의 감사를 적어보세요

오늘 나의 기도를 적어보세요

너희 아버지의 자비로우심같이 너희도 자비로운 자가 되라 **누가복음 6:36**.

나의 삶이 주님 앞에 산 제사 되게 하소서

나의 하루를 복되게 하신 아버지, 감사합니다.
하나님의 은혜를 하루 가득 부어주소서.
오늘도 성령의 충만함을 가지고 하루를 시작하기 원합니다.
내가 하나님을 향해 닫힌 마음이 있다면 활짝 열게 하소서.
이 아침에 하늘의 은혜를 가득 안고 시작하게 하소서.

주님을 찬양하며 아침을 시작합니다.
나의 가는 곳에서 모두 예배하게 하소서.
나의 삶이 주님 앞에 온전히 드려지는 산 제사가 되게 하소서.
무엇을 하든지 주님의 은혜가 임하는 시간 되게 하소서.

나를 만드신 주님을 찬양합니다.
내가 사는 이곳에서 사명을 주셨으니 그 사명을 이루게 하소서.
나만 배불리 먹고 마시지 말게 하소서.
더불어 사는 법을 배우고 실천하게 하소서.

나의 모든 것이 되시는 주님을 위하여 나의 모든 것을 드리게 하소서.
하나님 앞에 드리기 싫어 숨기고 있는 탐욕을 내려놓게 하소서.
세상이 주는 만족의 달콤함 앞에 굴복하지 않는 하루 되게 하소서.
나의 주 예수 그리스도의 이름으로 기도합니다.
아멘!

day 92

아버지의 임재가 나를 통해 세상에 전달되게 하소서

오늘 아버지를 바라보는 시선으로
사람을 바라보겠습니다.
오늘 주님을 사랑하는 마음으로
세상을 사랑하겠습니다.
오늘 성령 하나님의 동행처럼
약자들과 동행하겠습니다.

오늘 나의 감사를 적어보세요

오늘 나의 기도를 적어보세요

그런즉 너희가 먹든지 마시든지 무엇을 하든지 다 하나님의 영광을 위하여 하라
고린도전서 10:31.

day 93

모르는 길 앞에서 감사와 찬양을 올려드립니다

하나님의 섭리에
나를 맡겨드립니다.
내 인생, 가는 길을 다 알 수 없으나
몰라서 더 기대하고 의지할 수 있음에,
몰라서 힘든 길을 갈 수 있음에
감사합니다.

오늘 나의 감사를 적어보세요

오늘 나의 기도를 적어보세요

너희 중에 고난당하는 자가 있느냐 그는 기도할 것이요 즐거워하는 자가 있느냐 그는 찬송할지니라 야고보서 5:13.

day 94

거친 바다에서도 담대한 하루 되기 원합니다

왜 파도가 오냐고
원망하고 앉아 있지 말게 하소서.
파도가 무서워
도망만 다니지 말게 하소서.
주님을 믿음으로 담대하게
파도를 탈 수 있는 용기를 허락하소서.

오늘 나의 감사를 적어보세요

오늘 나의 기도를 적어보세요

고난당한 것이 내게 유익이라 이로 말미암아 내가 주의 율례들을 배우게 되었나이다
시편 119:71.

day 95

복음의 마음으로 남이 잘되기 원합니다

자랑하지 않고
겸손한 날 되기 원합니다.
가진 것을 드러내기보다
사용하는 날 되기 원합니다.
남의 잘됨을 시기하지 않고
축복하기 원합니다.

오늘 나의 감사를 적어보세요

오늘 나의 기도를 적어보세요

그러므로 너희는 하나님이 택하사 거룩하고 사랑받는 자처럼 긍휼과 자비와 겸손과 온유와 오래 참음을 옷 입고 골로새서 3:12.

day 96

오늘 나의 아버지, 어머니가 되어주소서

나의 부모가 되어주시는 아버지, 감사합니다.
먹이시고 기르신 사랑이
부모와 같음을 고백합니다.
내가 그리 사는 것처럼
자녀들에게도 하나님을 소개하게 하소서.

오늘 나의 감사를 적어보세요

오늘 나의 기도를 적어보세요

그는 우리의 하나님이시요 우리는 그가 기르시는 백성이며 그의 손이 돌보시는 양이기 때문이라 너희가 오늘 그의 음성을 듣거든 시편 95:7.

day 97

있으나 없으나 감사하는 나로 만드소서

소유하는 것이 좋다는
고정관념을 버리게 하소서.
주님은 늘 가장 좋은 삶을
조율하심을 믿습니다.
나의 머리로 이해할 수 없는 모든 것 위에
하나님이 계심을 믿게 하소서.

오늘 나의 감사를 적어보세요

오늘 나의 기도를 적어보세요

그러므로 어리석은 자가 되지 말고 오직 주의 뜻이 무엇인가 이해하라 에베소서 5:17.

day 98

심플해야 하나님을 바라볼 수 있습니다

미운 마음을 버리게 하소서.
못 가진 것에 대한 탐욕을 버리게 하소서.
아버지가 중요하다 하시는 것 외에
모든 것을 버리는 날 되게 하소서.

오늘 나의 감사를 적어보세요

오늘 나의 기도를 적어보세요

탐욕이 지혜자를 우매하게 하고 뇌물이 사람의 명철을 망하게 하느니라 전도서 7:7.

주님이 나를 사랑하시니, 나는 안전합니다

이 아침에 나의 연약함을 가지고 주님 앞에 갈 수 있음에 감사합니다.
나약한 육체를 돌보고 돌보시는 주님을 찬양합니다.
무너진 마음을 일으키고 회복시키시는 주님을 찬양합니다.
부족함으로 시작하는 이 아침을 채울 수 있는 분은 오직 주님이심을 고백합니다.

오늘 내가 원하는 만큼의 힘으로 하루를 시작할 수 없다 하여도 찬양합니다.
나의 건강의 부족함도 주님이 채우실 것이기 때문입니다.
나의 무너진 마음을 주님이 세워주실 것이므로 주님을 찬양합니다.
지금 내가 바라보는 나로 인하여 실망하지 말게 하소서.
나의 모든 가능성은 하나님께 있기 때문입니다.

나의 하나님 아버지는 나를 사랑하십니다.
오늘 이 사실을 확실하게 믿게 하소서.
어떤 상황에서도 실망하지 말게 하소서.
주님이 나를 사랑하신다면 나는 안전합니다.

상황을 바라보며 피해의식을 가지지 말게 하소서.
상황은 언제나 변하는 것이고 하나님은 영원히 변하지 않으십니다.
그래서 그 한결같은 아버지의 사랑이 나를 지킬 것입니다.
나를 지키시는 예수 그리스도의 이름으로 기도합니다.
아멘!

day 99

오늘은 나와 아버지의 날입니다

하나님, 오늘 나에게 말씀하소서.
나의 귀가 둔하여 듣지 못하거든,
나의 눈이 보게 하소서.
오늘도 새로운 도전과 선함을 기대하며
신나게 시작합니다.

오늘 나의 감사를 적어보세요

오늘 나의 기도를 적어보세요

너희는 세상의 소금이니 소금이 만일 그 맛을 잃으면 무엇으로 짜게 하리요 후에는 아무 쓸데없어 다만 밖에 버려져 사람에게 밟힐 뿐이니라 마태복음 5:13.

day 100

아버지 없이 무엇을 하겠습니까?

입술에서부터 선한 것이
가득하게 하소서.
마음이 악한데
어찌 선한 말이 나오겠습니까?
아버지의 사랑을 마음에 담아
오늘을 시작합니다.

오늘 나의 감사를 적어보세요

오늘 나의 기도를 적어보세요

너희의 순종함이 모든 사람에게 들리는지라 그러므로 내가 너희로 말미암아 기뻐하노니 너희가 선한 데 지혜롭고 악한 데 미련하기를 원하노라 로마서 16:19.

사명선언문

너희가 흠이 없고 순전하여……세상에서 그들 가운데 빛들로
나타내며 생명의 말씀을 밝혀 _ 빌 2:15-16

1. 생명을 담겠습니다
만드는 책에 주님 주신 생명을 담겠습니다.
그 책으로 복음을 선포하겠습니다.

2. 말씀을 밝히겠습니다
생명의 근본은 말씀입니다.
말씀을 밝혀 성도와 교회의 성장을 돕겠습니다.

3. 빛이 되겠습니다
시대와 영혼의 어두움을 밝혀 주님 앞으로 이끄는
빛이 되는 책을 만들겠습니다.

4. 순전히 행하겠습니다
책을 만들고 전하는 일과 경영하는 일에 부끄러움이 없는
정직함으로 행하겠습니다.

5. 끝까지 전파하겠습니다
모든 사람에게, 땅 끝까지, 주님 오시는 그날까지
복음을 전하는 사명을 다하겠습니다.

서점 안내

광화문점 서울시 종로구 새문안로 69 구세군회관 1층
02)737-2288 / 02)737-4623(F)

강남점 서울시 서초구 신반포로 177 반포쇼핑타운 3동 2층
02)595-1211 / 02)595-3549(F)

구로점 서울시 동작구 시흥대로 602, 3층 302호
02)858-8744 / 02)838-0653(F)

노원점 서울시 노원구 동일로 1366 삼봉빌딩 지하 1층
02)938-7979 / 02)3391-6169(F)

분당점 경기도 성남시 분당구 황새울로 315 대현빌딩 3층
031)707-5566 / 031)707-4999(F)

일산점 경기도 고양시 일산서구 중앙로 1391 레이크타운 지하 1층
031)916-8787 / 031)916-8788(F)

의정부점 경기도 의정부시 청사로47번길 12 성산타워 3층
031)845-0600 / 031)852-6930(F)

인터넷서점 www.lifebook.co.kr